하느님에 대한 욥의 물음

분도소책 17

하느님에 대한 욥의 물음
1975년 1월 초판
1999년 11월 신정판 (4쇄)
2011년 3월 5쇄
옮긴이 · 김윤주 ㅣ 펴낸이 · 이형우

ⓒ 분도출판사

등록 · 1962년 5월 7일 라15호
718-806 경북 칠곡군 왜관읍 왜관리 134의 1
왜관 본사 · 전화 054-970-2400 · 팩스 054-971-0179
서울 지사 · 전화 02-2266-3605 · 팩스 02-2271-3605

www.bundobook.co.kr

ISBN 89-419-9918-9 02230
ISBN 89-419-0055-7 (세트)

값 3,000원

하느님에 대한 욥의 물음

H. 하크 지음
김윤주 옮김

분도출판사

차 례

〈부록〉

인생의 고난

구원의 욥상像

오늘날 그리스도 신자가 구약성서를 연구할 때에는, 이 옛 성전聖典이 자기의 인생도 해명해 주고 계발의 빛을 주리라는 기대를 가지고 거기에 몰두한다. 물론 구약의 모든 경서經書는 이미 우리의 현실에 실제적으로는 맞지 않다. 예컨대 구약의 법률 사료는 일반적으로 말해서 단지 역사적 가치가 있고, 성경의 문화사적·정신사적 배경을 이해하는 데 도움이 될 뿐이다. 그러니까 우리의 구체적인 현실생활을 위해서는 무의미한 것이 되어버린 셈이다.

구약성서에 나오는 인물들도 모두가 우리에게 결정적 표양이 되는 것은 아니다. 다윗 왕은 이스라엘의 역사뿐 아니라 세계사에 있어서도 가장 중요한 인물들 중 한 사람임에 틀림없다. 그러나 우리 자신의 생활을 위해서는 그로부터 매우 적은 것을 얻을 수 있을 뿐이다. 이에 반하여 구약성서의 어떤 인물들은 시류時流를 초월한 구원久遠의 인간상을 보여주고, 현대인의 마음도 사로잡는 실존적인 매력을 풍기고 있다. 왜냐하면 현대인도 그런 인물들 안에서 자기의 모습을 발견하게 되기 때문이다. 이것은 흔히 특정의 역사적 인물들이 문제되는 것이 아니라, 무엇보다도 이러한 실례적 인물이 과거에도 있었고 현재와 미래에도 있을 항구적인 인간상의 보기가 된다는 사실에서 연유한다.

예컨대, 원죄설화의 아담과 에와 같은 인물들이 이 부류에 속한다. 원죄설화에서 그들은 실제로 최초의 인간들로 생각되고 있는 것이 아니라, 죄로 기울어지기 쉬운 인간 전반의 성향을 표상하고 있다는 것을 현대 성서학은 이미 오래 전부터 인식하고 있다.

예수의 비유에 등장하는 인물들도 보기가 되는 실례적 인물들이다. 예수의 비유 이야기는 대개 "(언젠가) … 이 있었다"라는 말로 시작된다. 그래서 잃었던 아들 비유도 "(언젠가) 어떤 이에게 아들 둘이 있었는데 …"라는 말로 시작되고 있다(루가 15,11). 약은 청지기 ― 불의한 관리인 ― 비유는 "(언젠가) 어떤 부자가 청지기(관리인)를 두었는데 …"라는 말로(루가 16,1), 부자와 가난한 라자로 이야기는

"한 부자가 자색옷과 모시옷을 입고 날마다 즐겁고 호화롭게 살았는데"라는 말로(루가 16,19) 시작되고 있다. 이와 똑같이 지은 이야기Märchen들의 서두도 "(언젠가) … 이 있었다"는 말로 시작된다. 이 지은 이야기(假話)들 역시 인간이 현실적으로 여러 가지 제약을 받게 되는 시대적 조건들과는 아무 상관없는 가공적 이야기이다.

예수의 비유에 나오는 잃었던 아들(蕩子), 그의 아버지, 그의 형, 부자 주인과 그의 불의한 관리인, 부자와 가난한 라자로 등은 어떤 특정의 시대에 특정의 장소에서 생존했던 인물들이 아니다. 그들은 단지 인간이 어떤 본성을 가지고 있고 신이 어떤 분인가를 보여주기 위해 등장시킨 가공적 인물들이다.

욥 이야기도 "(언젠가) … 이 있었다"는 정형적 서두로 시작되고 있다. "(언젠가) 우스Uz라는 곳에 한 사람이 있었다"(1,1). 이 서두는 우리가 욥기에서 욥이라는 이름을 가진 역사적 인물이 실제로 겪은 운명을 대하고 있는 것은 아니라는 사실을 밝혀준다. 욥상像에는 우리에게 알려지지 않은 어떤 유대 시인이 약 2,500년 전에 사무치는 고난을 겪으며 체험한 사연이 반영되어 있다. 아니 그 이상의 것이

깃들여 있다. 욥의 고뇌는 바로 인간 전반의 고뇌
요, 따라서 우리 자신의 고뇌이기도 하다. 그러므로
세계문학의 가장 위대한 작품 중 하나이고, 우리 시
대에 이르기까지 모든 시대에 시인, 철학자, 심리학
자들이 인간의 해명을 위해 부단히 새로운 시도를
하도록 자극을 주어온, 이 대단히 오래된 책은 오늘
날에도 여전히 사람의 마음을 움직이는 고무적 현실
성을 띠고 있는 것이다.

문학적 구성

욥기는 "(사람됨이) 완전하고 진실하며 하느님을 두려워하고 악한 일은 거들떠보지도 않으며", 통속적인 견해에 의하면, 그렇기 때문에 행운과 부유의 복을 누린 한 사람의 생애를 이야기하고 있다. 그는 대가족의 위신있는 가장이다. 또 그는 제관 직분을 수행하며, 자기 자식들이 범했을지도 모를 죄를 속贖바치기 위해 제물을 봉헌하곤 한다.

그러나 욥의 지나친 행운에 화가 난 사탄(악마)이 하느님에게 가서 욥에게 재난을 내려 시험해 보라고 말한다. 이에 하느님은 사탄이 이 의인을 시험하는 것을 허락한다. 그리하여 파멸적인 화가 먼저 재산에 덮치어 결딴이 난다. 다음에는 가족들에게, 그리고 마침내는 욥 자신에게 엄청난 불행이 닥친다. 즉, 나병에 걸리는 것이다. 이런 가혹한 시련에도 불구하고 욥은 변함없이 하느님에게 충실하고 순종하는 태도를 지켰다. 그의 아내도 하느님에 대한 그의 태도를 바꾸게 하려고 권해 보았으나 소용 없었다.

욥이 재(灰) 가운데 앉아서 옹기조각으로 상처의 고름을 긁어내고 있을 때 마침 그의 논쟁 상대인 세 사람의 친구가 찾아왔다. 곧 데만의 엘리바즈, 수아의 빌닷, 나아마의 소바르이다. 이들은 다음에 벌어질 대화에서의 토론자들이다.

여기까지 사건들의 진행은 산문으로 엮어져 있다. 그러나 욥이 소리를 높여 친구들에게 자기의 괴로움을 하소연하는 대목부터 운문으로 변하고, 친구들도 운문으로 대답하고 있다. 토론은 세 단계로 전개된다. 즉, 세 친구가 교대로 욥을 책망하며 분명한 답변을 요구하는 것이다. 그래서 욥의 연사 演辭는 전부 열 개이다. 맨 처음에 하소연을 하고, 이어서 세 친구가 번갈아가며 각각 세 번씩 이야기를 하는데 그때마다 답변한 것이 모두 아홉 번이기 때문이다.

우리는 욥의 이 열 개의 연사 끝에 어떤 결론을 기대할 것이다. 그러나 결론 대신에 엘리후라는 새로운 인물이 등장한다. 그는 세 친구들이 중단한 논쟁을 계속한다. 엘리후도 욥이나 세 친구들의 경우와 마찬가지로 산문으로 소개된 다음, 운문으로 말을 한다. 그러나 그의 연사는 일련의 독백으로 이루어지며, 아무도 그에게 대답을 하지 않고 있다.

그 다음, 엘리후는 등장했을 때와 같이 다시 표연히 사라진다. 그리고 야훼 자신이 이 장면에 등장한다. 폭풍우 속에서 야훼는 바로 찬가와도 같은 시적 운문으로 준엄한 말씀을 하여, 이제까지의 연설자들을 모두 침묵케 한다. 오직 욥만이 먼지와 재 가운데서 말을 더듬으며 한두 마디 승복承服과 참회의 대답을 할 뿐이다.

다음에 맺음말Epilog이 시작되는데, 여기도 머리말Prolog과 같이 산문 설화의 형식으로 엮어져 있다. 마침내 욥의 줄기찬 덕행과 충실한 심성은 그 갚음을 받게 된다. 전에 소유했던 재산의 갑절이나 되는 많은 재산을 다시 얻어 장수하고, 역시 다시 낳은 자녀들과 자손들에 에워싸여 선종했다는 것이다.

그러므로 욥기의 구성을 다음과 같이 요약할 수 있다.

산문으로 엮어진 머리말
1-2장

욥과 세 친구간에 세 단계로 전개된 토론
3-31장

엘리후의 연사
32-37장

두 차례에 걸친 야훼의 연사와 욥의 짤막한 대답
38-42장 6절

산문으로 엮어진 맺음말
42장 7-17절

욥과 세 친구 사이에 벌어진 토론은, 앞에서 본 바와같이 욥기에서 가장 많은 부분을 차지하고 있다. 그러므로 우리는 이 부분에서 욥기의 고유한 신학적 증언도 찾으려고 해야 한다.

구약성서 가운데 한 필치로 엮어진 경서는 거의 한 권도 없다. 대부분은 복잡한 형성 과정을 거치고 있다. 그러니까 출처가 서로 다른 여러 가지 자료들이 수집되고 종합되어 한 책이 꾸며졌는데, 이때 다시 수정과 부연敷衍의 과정을 거쳤던 것이다.

욥기에 있어서는 우선 산문(머리말과 맺음말)과 운문(본론)의 교체로 인하여 통일성을 잃고 있다. 그러나 한 시인이 시도 쓰고 산문도 쓰는 것이 결코 신기한 일은 아니다. 서양 문학에서도 드물지 않지만, 셈족 문화에서는 더욱 그렇다.

그러나 욥기에는 단순히 문학적 유형의 교체보다 더 중요한 문제가 있다. 다름아니라 어휘와 표상세계도 상반되기 때문이다. 테두리 이야기인 짧은 머리말과 맺음말에서는 하느님을 이스라엘 특유의 신명神名인 야훼라는 말로 스물여덟 번이나 부르고 있는데, 이 명칭이 운문으로 엮어진 많은 분량의 본론에서는 단지 한 번밖에 나오지 않으며, 그것도 아마 필사筆寫 때의 오기誤記에 기인한 것으로 짐작된다.[1] 그밖의 곳에서는 엘EI, 엘로아Eloah, 샤따이Schaddai라는 신명을 쓰고 있으며, 더구나 꽤 규칙적으로 번갈아 쓰고 있다.

그뿐 아니라 산문(머리말과 맺음말) 부분에 나오는 욥의 이미지와 운문(본론) 부분에 나오는 욥의 이미지가 동일하지 않다. 전자는 자기 운명에 대해 전혀 다른 태도를 취하고 있는 것이다. 산문 부분의 욥은 경건하고 자기 운명을 참을성있게 감수하는 자이다. 그는 불평 한마디 하지 않고 자기에게 닥친 고난을 달

---

[1] 욥기 12,9. 참조: R. Kittel (ed.), *Biblia Hebraica.*

게 참아받으며, 그의 친구들과는 달리 진실한 말만 하였기 때문에 마침내 하느님으로부터 칭찬을 듣는다. 이에 반하여 본론의 대화 부분에 나오는 욥은 결코 고난을 감수하는 온후한 인내자가 아니다. 그는 하느님을 격렬히 고발하고 또 자기에게 닥친 부당한 고난의 운명을 몹시 원망하는 불평을 늘어놓는 것이다.

이상의 여러 가지 사실은, 욥 이야기가 이스라엘에서 기원하지 않았다는 것을 시사한다. 욥이란 이름도 구약성서 전권을 통틀어 욥기 이외의 다른 책에는 ― 에제키엘서 14,14.20 예외 ― 나오지 않는다.[2] 그러나 이미 기원전 2천년경 이집트, 남부 아라비아, 메소포타미아, 시리아, 팔레스티나 지역에서는 이 이름이 알려져 있었음이 문헌에 의해 증명된다.

그래서 성서에서도 욥은 이스라엘 사람이 아니라 외국 사람으로 소개되고 있다. 그의 고향은 우스 땅이라 말하고 있는데, 지리적으로 확실히 어디라고 지적할 수는 없으나 확실히 팔레스티나 밖에 있는

---

[2] 유일한 대목 창세 46,13은 확실하지가 않다.

곳, 아마 다마스커스 남쪽, 그러니까 오늘의 시리아 영토에 위치한 고장이었을 것으로 짐작된다.

그러나 욥이란 이름뿐 아니라, 아무런 잘못도 없었으며 고난을 겪는 의인에 관한 테마도 고대 근동 지역에서는 잘 알려져 있었다. 이미 기원전 3천년경 수메르 사람들은 욥 이야기와 흡사한 설화를 — 물론 욥이라는 이름은 나오지 않지만 — 알고 있었다.[3] 그리고 고대 바빌로니아 지방에서 욥을 테마로 삼은 이야기를 서로 다른 형식으로 엮은 세 가지 이본異本이 이미 발견되었는데, 모두 기원전 2천년 전의 것들이다.[4]

따라서 욥 이야기는 이방 땅에서 이스라엘로 들어와서 야훼 신앙에 맞게 윤색되었음이 틀림없다고 간주해야 한다. 여기서 욥이나 그의 세 친구가 이방인으로 소개되고 있는데도 이야기 안에 이스라엘의

---

[3] 참조: S. N. Kramer, *VTSuppl.* 3 [1955] 170-82.

[4] 참조: J. J. Stamm, *Das Leiden des Unschuldigen in Babylon und Israel* [Zürich 1946]. J. Nougayrol, "Une version ancienne du 'Juste Souffrant'": *Revue Biblique* 59 [1952] 239-50. A. Kuschke, "Altbabylonische Texte zum Thema 'Der leidende Gerechte'": *Theol. Literaturzeitung* 18 [1956] 69-76. W. von Soden, "Das Fragen nach der Gerechtigkeit Gottes im Alten Orient": *Mitteilungen der Deutschen Orientgesellschaft* 96 [1965] 41-59.

전통적 하느님 이름인 야훼란 말이 자주 나오는 이유가 밝혀진다. 이러한 적응과 동시에 욥은 극히 일찍부터 이스라엘의 전승 속에 의인으로 받아들여졌고, 그래서 에제키엘서 14,14.20에 노아 및 다니엘과 나란히 그 이름이 기록되어 있는 것이다.

수난하는 의인은 마침내 그 시련을 견뎌낸 상급으로 하느님으로부터 현세에서의 행복을 선사받는다는 이야기는 결국 사람들을 만족시킬 수 없었다. 왜냐하면 그러한 이야기는 실지 체험과 모순되었기 때문이다. 그래서 아마 기원전 5세기 중엽 한 이스라엘 사람이 이 옛 설화를 이용하여, 현 욥기의 본론 부분을 이루고 있는 거창한 대화 안에서, 수난에 어떤 의미가 있으며 또 수난이 신의 정의와 어떤 관계가 있느냐 하는 물음을 매우 날카롭게 제기하였을 것으로 짐작된다.

바빌론 유배 시대와 이에 이은 두 세기, 즉 기원전 550년경부터 350년경까지는 유대 백성에게 있어 가장 긴장된 정신적 대결의 시대요, 빛나는 문화적 활동을 전개했던 시대였다. 이 무렵에 모세오경은 그 최종 결정판을 갖추었고, 이른바 "신명기 학파의 역사서" — 여호수아서, 판관기, 사무엘서, 열왕기 —

의 편찬이 종결되고 에제키엘, 제2 이사야, 제3 이
사야 등 위대한 예언자들의 설교가 수집되었다. 그
러니까 이사야서의 뒷부분은 이 시대의 작품이다.
또한 전대미문의 놀라운 신학을 내포한 잠언집의 서
론 부분(1-9장), 웅장한 서정시 아가雅歌, 그밖에 수많
은 시편이 이 시대에 엮어졌다. 요컨대 이 시대는 두
드러지게 신학적 명상과 자각에 열중했던 시대였다.

지혜에 관한 옛 교훈은 깊은 고려 없이, 독실한
신앙심을 가지면 좋은 결과(성공)가 오고 하느님을 업
신여기면 나쁜 결과(실패)가 온다고 격려해 왔다. 우
리는 이와 같은 교훈을 잠언집의 더 오래된 부분 —
예전의 잠언들, 10-29장[5] — 예컨대 다음과 같은 명
언에서 엿볼 수 있다.

> 야훼를 두려워하여 섬기면 수명이 길어지고
> 나쁜 일을 하면 수명이 줄어든다(잠언 10.27).

> 착하게 살면 언제까지나 흔들리지 않지만
> 나쁜 일 하고는 땅에서 배겨내지 못한다(잠언 10.30).

---

[5] 참조: H. H. Schmid, *Wesen und Geschichte der Weisheit* [Berlin 1966] 145-9.

이러한 관념을 따르면, 현자賢者의 전형은 요셉 설화
의 주인공 같은 사람이다. 그러니까 잠정적으로 시
련을 겪지만 그후 심성의 진실함이 증명되어 가장
높은 자리로 올라가 현세에서 성공의 절정에 도달하
게 되는 그런 의인, 즉 무죄한 자를 가리킨다.[6]

그러나 기원전 586년 바빌로니아 사람들에 의해
예루살렘이 점령되는 재난과 유배생활을 통해 의인
이나 죄인이나 똑같이 파국의 소용돌이에 휩쓸리고
만 쓰라린 경험을 한 후로, 지혜에 관한 그와 같은
교훈은 위기에 직면하지 않을 수 없었다.

대화, 즉 인생의 의미뿐 아니라 신에 관한 물음이
기도 한, 인간의 고뇌에 얽힌 의문을 풀어보려는 묵
직한 논구論究에 밀려 테두리 이야기는 아예 배경으
로 물러나고 있다. 그것은 단지 본론의 시문을 더욱
두드러지게 보이기 위해 배경의 역할을 하고 있을
뿐이다.

그뿐 아니라, 엘리후의 연사도(32-37장) 이물異物로
여겨진다. 성서 해석학자들은 이 엘리후 연사가 후
대에 첨가된 것이라는 데 거의 의견이 일치하고 있

---

[6] 참조: G. von Rad, "Josephsgeschichte und ältere Chokma":
VTSuppl. 1 [1953] 120-7.

다. 엘리후 연사는 세 친구들의 연사에 아무런 새로운 관점도 보태지 않고 있을 뿐 아니라, 무엇보다도 그 형식 때문에 다른 것과 전혀 조화되지 않고 있는 것이다. 엘리후는 독백 형식으로 말하고 있다. 그는 홀연히 등장해서 자기 말만 늘어놓고 다시 표연히 사라진다. 그리고 욥은 엘리후에게 아무런 대답도 하지 않고 있다.

"그날은 저주받을지어다"

욥이 구약성서에서 하느님을 논박하고 거침없이 비난의 소리를 늘어놓으며 욕한 첫 사람은 아니다. 특히 예레미야도 ― 욥기의 저자보다 거의 200년이나 전에 ― 비슷한 모양으로 하느님에게 속은 듯이 느끼고 다음과 같이 하느님을 비난하였다.

> 야훼여,
> 저는 어수룩하게도 주님의 꾐에 넘어갔습니다.
> 주님의 억지에 말려들고 말았습니다.
> 그래서 날마다 웃음거리가 되고
> 모든 사람에게 놀림감이 되었습니다(예레 20,7).

욥기에도 이 책의 저자인 시인이 예레미야를 모방하고 있다는 것을 뚜렷이 보여주는 대목이 있다. 예레미야는 절망하여 자기가 태어난 날을 저주한 바 있다.

저주받을 날,
내가 세상에 떨어지던 날,
어머니가 나를 낳던 날,
복과는 거리가 먼 날,
사내아이가 태어났다는 소식을 전하여
아버지를 즐겁게 한 그자도 천벌을 받아라.
…

어찌하여 모태에서 나와
고생길에 들어서
이 어려운 일을 당하게 되었는가!
이렇게 수모를 받으며
생애를 끝마쳐야 하는가!(예레 20,14-15.18).

똑같이 욥의 연사도 그의 수태와 출생을 저주하는
말로 시작되고 있다.

마침내 욥이 먼저 입을 열어
자기의 생일을 저주하며 부르짖었다.
내가 태어난 날이여, 차라리 사라져 버려라.
사내아이를 배었다고 하던 그 밤도 사라져 버려라.
…

내가 어찌하여 모태에서 죽지 아니하였으며
나오면서 숨지지 아니하였는가?(욥기 3,1-3.11).

이러한 대비對比는 단지 성경의 어떤 경서가 엮어진 시대를 추정하는 데만 도움이 되는 것은 아니다. 욥기를 꾸민 시인이 예레미야서에 정통하고 있었다면, 그는 예레미야 시대와 얼마 떨어지지 않은 시대에 활약하였음이 틀림없다. 이와 동시에 우리는 이 이스라엘 사람이 자기 민족의 정신적 전통에 얼마나 큰 신세를 지고 있는지도 알 수 있다.

하느님은 이해할 수 없는 분

욥은 비록 자기의 출생을 저주하기는 했지만 결코 무신론자는 아니다. 그는 일순간도 신의 존재를 의심한 적이 없다. 가장 심한 역정을 터뜨리고 있는 대목에서도 신의 현존을 의심하고 있지는 않다.

욥의 사무치는 고뇌는 결국 그에 대한 하느님의 이상한 태도를 이해할 수 없다는 그런 고뇌이다. 그러므로 그의 문제제기는 오늘의 우리와는 전혀 다른 것이다. 우리는 우리의 일상생활에서도, 세계적 대사건에서도 신의 현존을 인지할 수 없음을 탄식하고, 그래서 신은 죽었다고 선언한다. 이러한 사고는 욥의 경우 결코 논쟁의 엄두도 낼 수 없는 것이다. 욥은 하느님이 아무 일도 하지 않는 것을 불평하고 있지는 않다. 오히려 그는 하느님에게 마침내 자기를 성가시게 하지 말아주기를 간청하고 있다.

어찌하여 나를 당신의 과녁으로 삼으십니까?
어찌하여 내가 당신께 짐이 된단 말씀입니까?(욥기 7,20b).

끝내 나에게서 눈을 떼시지 않으시렵니까?
침 삼킬 동안도 버려두시지 않으시렵니까?(욥기 7,19).

현대인의 신앙에 얽힌 고뇌는, 하느님과 더불어 살고 싶지만 그렇게 되지 않는다는 데서 빚어지는 수가 자주 있다. 하지만 욥의 경우는 그 정반대이다. 즉, 욥은 아예 하느님 없이 살고 싶지만 그것이 뜻대로 안되는 것이다. 그의 인생의 첫 순간부터 이미 하느님이 그와 함께 계셨다. 욥은 수태의 전全과정을 영적으로 재구성하고 있는데, 어느 단계에서나 하느님이 관여하신다.

당신께서는 나를 손수 빚어 만드시고는
이제 마음을 바꾸시어 나를 없애버리시렵니까?
이 몸을 진흙으로 빚으셨음을 잊지 마소서.
어찌 다시 흙으로 돌려보내시려 하십니까?
당신께서는 이 몸을 젖같이 쏟으시어
묵처럼 엉기게 하셨고,

가죽과 살을 입히시고

뼈와 힘줄로 얽어주셨습니다.

나에게 목숨을 주시고

숨쉬는 것까지 보살펴주셨습니다(욥기 10,8-12).

우리는 이 진술에 반영된 심리의 원시적 표상을 웃을 수도 있다. 그러나 현대의 회의적인 사람들에게도 강한 인상을 주는 것은, 인간의 전실존을 신의 창조적 활동으로 환원시키고 있는 그 열정이다.

한결같이 끈기있게 되풀이되고 있는 "당신"이란 말을 아무도 건성으로 들어넘길 수는 없다: "당신의" 손이 나를 빚어 만들었고, "당신이" 나를 창조하였고, "당신이" 나를 살갗과 살로 입혔고, "당신이" 뼈와 힘줄을 넣어 나를 짜맞추었고, "당신이" 나에게 생명을 주고 사랑을 베풀었으며, "당신의" 섭리가 나를 보호하였다는 것이다.

그러나 소우주인 인간과 똑같이, 대우주의 삼라만상도 움직이는 모든 것을 창조하고 질서잡아 주는 신의 지상 권능에 헌정獻呈된다. 38-39장의 하느님 연사에서 하느님은 욥에게 연거푸 반문하고 있다.

내가 땅의 기초를 놓을 때
너는 어디에 있었느냐?
그렇게 세상 물정을 잘 알거든 말해 보아라.
누가 이 땅을 설계했느냐?
그 누가 줄을 치고 금을 그었느냐?
어디에 땅을 받치는 기둥이 박혀 있느냐?
그 누가 세상의 주춧돌을 놓았느냐?
그때 새벽별들이 떨쳐나와 노래를 부르고
모든 하늘의 천사들이 나와서 합창을 불렀는데,
바다가 모태에서 터져나올 때
그 누가 문을 닫아 바다를 가두었느냐?
바다를 구름으로 싸고
먹구름으로 묶어둔 것은 바로 나였다.
…

네가 언제고 동이 틀 것을 명령해 본 일이 있느냐?
새벽의 여신에게
"이것이 네 자리다" 하고 일러준 일이 있느냐?
…

네가 북두칠성에게 굴레라도 씌우고
오리온 성좌의 사슬을 풀어주기라도 한단 말이냐?
…

네가 천상의 운행법칙을 결정하고

지상의 자연법칙을 만들었느냐?[7] (욥기 38,4-9.12.31.33).

하느님은 욥에게 가까이 계시지만 동시에 멀리 계시는 하느님이시다. 하느님은 그가 수태되었을 때에도 계셨고, 그가 출생하였을 때에도 함께 계셨다. 인생의 행복한 나날이 당신으로부터 비롯하였다. 그러나 그 하느님이 지금은 욥을 몰아치며 박해하고 괴롭히지만, 그 이유는 밝히지 않는 그런 분이시기도 하다.

하느님은 여기 계시지만 또한 여기 안 계시다. 욥은 하느님을, 마치 잠복처에서 사격하는 게릴라병처럼 느낀다. 그는 자기가 탄환에 맞아 빈사瀕死의 중상을 입었음을 알지만, 자기에게 상처를 입힌 것이 누구인지는 모르는 것이다.

욥은, 오늘날 그렇게도 많이 거론되고 있는 "안 계시는 하느님" (부재의 신)에 대해서는 모른다. 그는 오직 사람이 찾아뵙기 어려운 하느님을 알고 있을 뿐이다. 23,8-9에서는 다음과 같이 말하고 있다.

---

[7] 하늘, 즉 성신(星辰)들이 지상의 운명을 결정하는 것이다.

그런데, 앞으로 가보아도 계시지 않고
뒤를 돌아보아도 보이지 않는구나.
왼쪽으로 가서 찾아도 눈에 뜨이지 아니하고
오른쪽으로 눈을 돌려도 보이지 않는구나(욥기 23,8-9).

이 대문은 십중팔구 후대에 어떤 편집자가 첨가한 것으로 짐작된다.[8] 그러나 만약 이 대문이 욥기에 본래부터 자리하고 있었다면, 하느님이 안 계시다거나 존재하지 않는다고 생각한 것이 아니라, 인간은 결코 그분을 완전히는 파악할 수 없다고 생각한 바를 표현하였을 것이다.

욥은 큰 소리로 하느님을 부르지만 그분은 아무런 대답도 않으시고 침묵을 지키신다. 욥은 오직 그분을 직접 마주 대하여 그분의 해명을 요구하고 싶은 한 가지 염원만 가지고 있다. 그러나 그는 이것이 가망없다는 것, 하느님은 인간적 이해를 훨씬 벗어나 계시다는 것을 인정하지 않을 수 없다. 욥이 하느님께로 접근하는 것을 가로막는 하느님의 이 불가해성不可解性이 본래 그의 육신

---

[8] 참조: G. Fohrer, *Das Buch Hiob* [Gütersloh 1963] 363.

의 괴로움을 더욱 견딜 수 없게 만드는 더 큰 고통이다.

그러므로 하느님의 부재를 느낀다는 점에서가 아니라, 오히려 그분의 침묵을 체험한다는 점에서 욥은 오늘의 우리와 비슷하다. 인간은 외치기를 좋아한다. 그래서 큰 소리를 지르려 한다. 그러나 하느님은 아무 대답도 하지 않으신다. 하느님 앞에서 인간은 하느님과 대화를 하지 못하고 독백만 하게 된다. 그리고 이 독백은 한번도 하느님에게 받아들여지지 않은 것 같고, 또 그분을 움직여 어떤 반응을 보이게 할 가능성에 대해서도 아예 침묵을 지키고 있는 것 같다. 그런데도 욥이 갈망하는 것은 오직 다음의 일뿐이다.

그가 어디 계신지 알기만 하면,
당장에 찾아가서
나의 정당함을 진술하겠네.
반증할 말도 궁하지는 않으련만.
그가 무슨 말로 답변하실지를 꼭 알아야겠기에
그 하시는 말을 하나도 놓치지 않고 들어야겠네

(욥기 23,3-5).

욥은 그 시련의 끝에 가서야 비로소 하느님에 대한 인간의 물음에는 한계가 있다는 것을 체험하게 될 것이다. 만약 하느님이 매번 변명을 해야 한다면 하느님이 아닐 것이다.

성경은 가까이 계실 뿐 아니라 멀리 계시기도 하고, 말씀을 하실 뿐 아니라 침묵을 지키시기도 하고, 자신을 드러내실 뿐 아니라 자신을 숨기시기도 하는 … 그런 하느님을 알고 있다.

왜 고난을 겪어야 하는가?

바로 도달하기 어렵고 아득하기만 한 하느님의 불가해성이 욥기 본래의 주제라는 것은 알 만하다. 즉, 인간은 하느님의 침묵에 직면하여 자신의 처지에 대한 해명을 어디서 찾을 것인가? 인간의 고난을 어떻게 설명할 것인가 하는 것이 욥기의 근본사상이다.

가) 욥의 친구들은 전래의 관습적인 지혜사상을 주장하고 있다. 즉, 덕행은 현세에서 상을 받고, 죄는 현세에서 벌을 받는다는 것이다. 엘리바즈가 바로 그 첫 연사에서 이 원리를 분명하게 말하고 있다.

> 곰곰이 생각해 보게.
> 죄없이 망한 이가 어디 있으며
> 마음을 바로 쓰고
> 비명에 죽은 이가 어디 있는가?
> 내가 보니, 땅을 갈아 악을 심고

불행의 씨를 뿌리는 자는
모두 그 심은 대로 거두더군(욥기 4,7-8).

따라서 욥이 그 고난에서 벗어날 수 있는 유일하고
도 절대적으로 확실한 길은 자기 죄를 고백하고 회
개하는 길뿐이라는 것이다.

이제 마음의 고삐를 잡고
그에게 손을 내밀게.
악에서 손을 떼고
불의를 장막에서 몰아내게.
그리하면 자네도 아무 거리낌없이 얼굴을 들고
아무 두려움없이 떳떳하게 서게 될 것일세.
괴롭던 일은 다 잊혀져
흘러간 물처럼 기억에서 사라지겠지.
숨쉬는 나날은 대낮보다도 환해지고
어둠은 새아침처럼 밝아질 것일세.
자신을 잃지 말게, 아직 희망이 있다네.
걱정없이 마음놓고 자리에 들게.
자네의 단잠을 깨울 자가 없을 것이며
많은 사람이 자네 앞에서 굽실거릴 것일세(욥기 11,13-19)[9].

여기서 욥의 친구들은 자기들이 어떤 자가당착에 빠져 있는지 전혀 알아채지 못하고 있는 것 같다. 그들은 한편으로는 의인은 결코 나쁜 일을 겪지 않는다고 주장하면서, 또 다른 한편으로는 자기는 죄가 없다고 하는 욥에 대하여 죄없이 깨끗한 사람, 즉 의인이란 하늘에도 없는데 하물며 땅에 있을까보냐고 매우 솔직히 설명하고 있다.

> 죽을 인생이 어떻게 하느님 앞에서 올바를 수 있으랴?
> 그 누가 자기를 지으신 이 앞에서 깨끗할 수 있으랴?
> 그의 종들 가운데도 믿을 만한 자 없고
> 그의 심복들 가운데도 허물없는 자 없으리라

(욥기 4,17-18; 참조: 15,14-15).

친구들의 사고방식은 근본적으로 그릇된 신神 개념에서 비롯하고 있기 때문에, 그들은 외곬으로 완고하고 도식적이며 결코 자유로울 수가 없다. 처음부터 그들의 생각에, 하느님이 어떻게 행동하시고 어

---

⁹ 세 친구의 근본적으로는 같으나 미묘하게 다른 입장 참조: O. Eißfeldt, *Einleitung in das Alte Testament* [Tübingen ³1964] 623, 630-1.

떤 반응을 보이실 것인지 이미 명백히 정해져 있는 것이다. 그러므로 엄밀히 말해서, 하느님의 행위를 결정하는 것은 하느님 자신이 아니다. 오히려 인간이 하느님께서 어떻게 행동하셔야 하는지를 결정한다. 이를테면, 인간은 하느님에 관해 일정하게 고정된 모습을 그리고 있는 것이다.

욥의 세 친구는 비록 이방인으로 소개되고 있지만, 통속적인 이스라엘 사람들의 전형적 타입을 보여주고 있다. 이 통속적 이스라엘 사람들이란 "너는 어떤 신상도 만들지 말라"고 한 제2 계명을 잘 알고 또 주저없이 잘 지키면서도, 동시에 한편으로는 자신의 상상으로 일정한 하느님의 모습을 만들면서 끊임없이 제2 계명에 어긋난 짓을 하고 있다는 것을 스스로는 알지 못하는 사람들이다.

신학의 역사를 훑어보면, 이렇게 빗나간 신상들이 끝없이 줄지어 있음을 알 수 있다. 또한 인간은 하느님에 관해 매우 정중하게 말하기를 좋아한다 — 아무도 욥의 세 친구가 그렇게 말하는 것을 반박할 수는 없다 — 하지만 인간은 그러면서 실제로는 자신을 하느님 아래에 두지 않고 하느님 위에 두고 있는 것이다. 말하자면 인간은 하느님을 자기 마음대

로 처리하며, 모든 문제가 거침없이 해결되고 정리
되는 어떤 체계의 희생으로 만드는 것이다.

욥은 이러한 신상에 본능적으로 이의를 제기하고
있다. 그는 자기 의문을 풀어줄 답을 모른다. 그는
자기의 불행을 해명할 수 있는 그럴듯한 개념도 없
다. 그의 내적 고뇌가 그의 질병보다 훨씬 더 그를
괴롭힌다. 이 내적 고뇌는 그가 완전히 혼자 겪어야
하기 때문에 더욱 심각해진다. 아무도 심지어 그의
친구들조차 그를 이해하지 않는다. 오히려 친구들은
토론이 진행되는 동안에 더욱 심한 반대자가 된다.
그들은 완고하고 냉혹하게 자기네 의견을 고집하고,
욥의 처지를 전혀 이해하려 하지 않는다. 욥이 그들
에게 애원해도 쓸데없다.

> 벗들이여, 불쌍하고 가련하지 아니한가?
> 하느님의 손이 나를 치셨는데(욥기 19,21).

친구들의 자신에 넘친 이야기도 욥에게는 거짓말이
나 비웃음처럼 생각될 뿐이다. 그래서 욥은 그들과
더욱더 날카롭게 대립하게 되고, 동시에 그만큼 더
욱더 고독하게 되는 것이다.

나) 그렇지만 욥의 태도도 만족할 만한 것은 아니다. 욥은 하느님의 공의하심을 확신하고 있지만, 또한 하느님이 자기 신세를 결딴냈다는 것도 알고 있다. 그래서 그는 그의 친구들과 똑같이 자기 처지를 판단한다. 욥의 경우에 어딘가 잘못되었다는 점에 있어서는 양편의 의견이 일치한다. 그러나 무엇이 잘못되었는가 하는 점에서는 양편이 일치하지 않는다.

세 친구들의 확신에 따르면 "욥" 자신에게 뭔가 잘못된 점이 있다. 그는 자기가 올바르다고 주장하지만 사실은 그렇지 않다는 것이다. 그러나 욥의 견해에 의하면, "하느님"에게 뭔가 이상한 점이 있다. 말하자면 하느님은 의인을 그렇게 냉대해서는 안된다는 것이다. 욥은 책망당할 만한 일이 없었으므로, 자기 불행의 원인을 하느님에게서 찾을 수밖에 없는 것이다.

욥은 하느님의 전횡을 비난한다: 하느님을 업신여기는 자들이 신앙심이 깊은 자들보다 잘되는 수가 자주 있다고(21,7 이하). 어쨌든 이 세상에서는 죄있는 사람이나 죄없는 사람이나 평등하게 고난을 겪는다(9,22: 10,15: 21,23-25.30). 그러므로 하느님은 죄없는 사람도 수난하기를 명백히 원하신다(3,23 등등). 물론 여기에 대한 해명은 없다. 하느님은 세 친구들이 볼 때에 앞뒤 계산을 정확히 하시는 분이지만, 욥이 볼 때에는 기분내키는 대로 행동하시는 분이다. 인간은 무자비하게 하느님에게 맡겨져 있고, 따라서 인간은 하느님 앞에 결코 의로울 수가 없다는 것이다.

> 물론 그렇지, 나도 그런 줄은 알고 있네.
> 하느님 앞에서 죄없다고 할 사람이 어디에 있겠는가?(욥기 9,2).

그리하여 욥은 마침내 자신이 친구들에게 배반당했을 뿐 아니라, 하느님에게도 배반당했다고 생각한다. 그는 자기가 마치 원수처럼 하느님에게 냉대를 받는다고 느끼는 것이다.

> 어찌하여 나에게서 얼굴을 돌리시고
> 이 몸을 원수로 여기십니까?(욥기 13,24).

욥은 절망하여 하느님에게 이렇게 묻는다. 하느님은 자기에게 무자비하게 화살을 쏘아대는 압도적인 적대자가 된 것이다.

전능하신 분의 화살이 몸에 박혀
나의 영혼은 그 독을 마시고 있는데
하느님의 두려움이 나를 휘몰아치는구나(욥기 6,4).

욥은 자기가 하느님에게 고통을 받고 박해당하고 버림을 받았다고 느낀다. 그래서 그는 화가 나서 자포자기하여, 매우 심각하게 상처입고 환멸을 느낀 마음의 울분을 터뜨려 하느님을 고발하는 것이다.

모르겠는가?
나를 이렇게 억누르는 이가 하느님이시라는 것을!
나를 덮어씌운 것이 그의 그물이라는 것을!
…

넘을 수 없는 담을 쌓아 내 앞을 막는 이도 그요,
어둠으로 나의 앞길을 가리는 이도 그가 아니신가?
나에게서 명예를 빼앗은 이도 그요,
면류관을 벗긴 이도 그가 아니신가?
…

눈에 불을 켜고 달려드시는 품이
나를 적수로 여기시는 것이 아닐까?(욥기 19,6.8-9.11).

더욱더 놀라운 일은, 욥이 이와같이 적대적인 하느님에게 건 희망을 포기하지 않고 있는 사실이다. 그는 하느님이 그의 적대자로부터 그의 변호자로 바뀌실 때가 올 것을 알고 있다.

> 나는 믿는다, 나의 변호인이 살아 있음을!
> 나의 후견인이 마침내 땅 위에 나타나리라.
> 나의 살갗이 뭉그러져
> 이 살이 질크러진 후에라도(욥기 19,25-26).

욥은 깊은 신뢰심을 가지고 하느님의 간섭을 고대하고 있다. 이 간섭은, 그가 지금은 이 세상에서 영락없는 죄지은 자의 꼬락서니가 되어 있지만 결국은 그의 무죄가 세상에 증명되는 것 이외에 다른 의미는 없다. 그가 하느님에게 기대하는 것은 자신의 의로움을 인정받는 일이다. 우리는 여기서 그의 신앙의 위대함을 판단할 수 있지만, 또한 그 한계도 추측할 수 있다.

다) 끝으로 이 작품의 마지막에 하느님의 대연사(演辭)의 형식으로 표현된 하느님의 대답도 만족할 만

한 것은 아니다. 하느님은 휘몰아치는 폭풍우 속에서 욥에게 대답하시며, 인간은 헤아릴 수 없게 자연 속에 깃들인 당신의 지배력(섭리)에 유의하도록 지시하신다.

네가 바닷속 깊이 더듬어 내려가
바닷물이 솟는 샘구멍까지 찾아가 보았느냐?
…
너는 흰 눈을 저장해 둔 곳에 가본 일이 있으며,
우박창고에 들어가 본 일이 있느냐?
…
바람이 갈라지는 목이 어디인지를 너는 아느냐?
샛바람이 땅 위에서 어느 쪽으로 흩어지는지,
소나기가 타고 올 길을 누가 텄는지,
먹구름이 천둥치며 쏟아져 내릴 곳을 누가 팠는지,
너는 아느냐?
사람이란 얼씬도 하지 않는 곳,
인종이란 있어 본 적도 없는 광야에 비가 쏟아져
거친 들을 흠뻑 적시고
메말랐던 땅에 푸성귀가 돋아나게 하는 것이 누구
냐?(욥기 38.16.22.24-27).

우리는 이 거창한 자연묘사에 그리 탄복할 수는 없다. 그렇지만 고난으로 만신창이가 된 사람이 과연 그러한 데서 위로를 발견할는지는 진지하게 의심해 보아야 한다. 하느님이 찬란한 별들의 세계를 창조하셨고, 빛과 어둠, 바다와 홍수, 눈과 우박, 번개와 우레, 비와 바람을 창조하셨다는 생각, 그 모든 것이 인간의 힘을 빌리지 않고 제 기능을 발휘하고 있다는 생각 그 자체는 어떤 절망한 사람에게 위로를 주기에는 적합하지 않다.

그러므로 자세히 조사해 보면, 우주의 광대함과 질서 및 아름다움을 살펴보라는 하느님의 지시는 결코 문제의 해결이 아니라 일종의 회피요, 기껏해서 고통을 덜어주는 정도에 지나지 않는다. 그러한 자연 현상은 고작해야 하느님의 위대함과 헤아릴 수 없는 뜻에 굴복하도록 부추기는 역할을 할 뿐이다. 욥을 절망으로 몰아넣은 그 전횡의 가혹한 취미는 제거된 것이 아니다.

그리스도교의 답

이상 고찰한 바에 따라, 욥기에서는 단지 죄없이 부당하게 겪어야 하는 고난을 하느님의 공의 및 선과 어떻게 조화시켜야 할 것인가 하는 문제보다 더 심각한 문제가 추구되고 있음이 한결 명백해졌다. 부당한 수난을 하느님의 공의 및 선과 조화시키는 문제만을 그냥 토론한다면 현대인은 욥기에 큰 흥미를 갖지 못할 것이다. 왜냐하면 이 책은 거기에 대해 아무런 만족할 만한 답을 주지 않기 때문이다.

오늘날 전인류에 만연되고 있는 고통의 바다에 직면하여, 이러한 고통이 합당하고 겪을 만한 가치가 있느냐 없느냐 하는 문제는, 인류와 또 각 개인이 어떻게 이 고통을 극복할 것인가 하는 문제보다 우리에게는 덜 절박한 문제이다. 현대의 세계관은 자연의 큰 재난의 원인이나 병과 죽음에 관해 성서의 인물들에게 주어졌던 인식과는 전혀 다른 인식을 우리에게 중개해 주고 있다. 그러한 현상들이 진화

하고 있는 세계에 내재하는 법칙에 맞는 자연스러운 현상들이라는 것을 우리는 알고 있다.

그러므로 현대인은 질병이나 죽음을 성서의 인물들처럼 "하느님이 보내신 것"으로 단순하게 받아들일 수는 없다.

엄격한 칼빈주의적 감성으로 하느님의 섭리로 어떤 사람에게는 부유와 은총이 주어지고 또 어떤 사람에게는 가난과 파멸이 주어진다고 믿는 데 대해 우리 안의 모든 것이 반항한다. 그뿐 아니라, 인문과학은 인간의 행동과 지향이 주위세계의 제반 요인과 환경 그리고 교육의 영향을 얼마나 강하게 받는지를 똑똑히 밝혀주었다. 그러므로 우리는 이미 고통의 원인을 단순히 하느님의 뜻으로 돌릴 수는 없다. 그것이 직접 하느님에게 달려 있지는 않다는 것을 우리는 알고 있다.

오히려 우리는 괴로움, 질병, 죽음은 본질적으로 인간에게 따르는 것이라고 본다. 괴로움, 질병, 죽음은 오직 인간이 불완전한 존재, 즉 아직은 불완전하지만 완성을 향해 나아가고 있는 이 세계에 속한 일원이라는 사실에 기인하는 것이다. 따라서 인간이 언젠가 자신의 힘으로 고통 없는

세계를 창조할 수 있을 것이라는 유토피아적인 희
망은 사라진다.

　그렇지만 이 세상은 하느님이 미리 계획하신 대
로 진행되어 나간다는 데 동의하는 사람에게는 이
세상의 고통을 하느님의 관점에서 해석하는 길도 열
려 있다. 욥기는 그 고통을 하느님의 입장에서 자유
로이 극복할 수 있는 가능성도 시사하고 있다. 욥이
그를 납득시키기에 충분한 하느님의 연사 뒤에 먼지
속에 앉아서 말을 더듬으며

> 당신께서 어떤 분이시라는 것을
> 소문으로 겨우 들었었는데,
> 이제 저는 이 눈으로 당신을 뵈었습니다(욥기 42,5).

하고 고백했으니, 그는 이로써 무조건 하느님의 전
능에 승복하고 어떤 답도 듣기를 단념한 것이다. 그
는 하느님과의 인격적 상봉을 하였기 때문에 비로소
그렇게 매듭을 짓는다. 성경에서 "하느님을 뵈옴"이
라고 되풀이하여 말하고 있는 생생한 신 체험 안에
서는 모든 의문, 모든 논란, 모든 자기분열, 모든
절망이 지양되는 것이다.

　그렇지만 욥기는 우리에게 종국적인 해석을 해주지 않고 있다. 그것은 욥기로서는 어쩔 수 없는 문제이다. 그러나 골고타의 사건으로, 그리스도 신자에게는 인생의 고난을 극복할 수 있는 도움이 주어졌다.

　욥에게 있어서 하느님은 아득한 분, 인간이 도달할 수 없는 분, 포착할 수 없는 분, 이해할 수 없는 분이었다. 이스라엘의 역사에서 갖가지 약속과 계시를 찾아볼 수 있지만, 하느님은 다른 일반 고대인의 경우와 마찬가지로 구약성서의 인물들에게도 언제나 초월적인 분이시다. 말하자면 그분은 밖으로부터 이 세계와 사람들을 바라보시며, 저 세상에서 사람들의 운명을 조종하셨던 것이다.

　그러나 예수는 욥의 그와 같은 고난을 떠맡고 절망적인 처지에 이르기까지 참아받았다. 십자가상에 버림받고 "나의 하느님, 나의 하느님, 어찌하여 나를 버리셨습니까?"(마르 15,34; 마태 27,46-47) 하고 부르짖은 예수의 고독한 절규 속에서 욥이 겪었던 그 고뇌는 절정에 달하여 차고넘쳤다.

　하느님 없이는 욥보다도 더 살기 어려웠던 예수는 이때 자기 제자들이나 친구들뿐 아니라 하느님께도 버림받은 처지에 있었다. 예수의 고난과 죽음을 통해 하느님 당신이 우리의 고난 속으로 들어오신 것이다 ─ 그분은 이미 국외자로서의 하느님이 아니라, 이 세상의 고난에 참여하시고 인간과 함께 괴로워하시는 하느님이시다.

그리스도 신자는 하느님이 이 세상에 고난을 보내지 않으신다는 것을 알고 있다. 또한 그는 하느님이 이 세상의 고난을 없애주시지 않으며 해명조차 해주시지 않는다는 것도 알고 있다. 오히려 하느님은 인간과 함께 이 세상의 고난을 짊어지시는 그런 분이시다. 사람은 바로 이런 하느님을 신뢰할 수 있고 또 사랑할 수도 있다. 왜냐하면 가난한 사람은 자기 가난을 설명해 주는 사람이 아니라, 그 가난을 자기와 함께 나누는 그런 사람을 사랑하겠기 때문이다. 똑같이 고난을 겪는 사람은 자기 고난을 해명해 주는 이가 아니라 그 고난을 자기와 함께 몸소 겪는 이를 사랑할 것이다.

인생의 고난

WÖRTERBUCH ZUR BIBLISCHEN BOTSCHAFT
(Verlag Herder, Freiburg im Breisgau 1964)
418-22쪽에서 옮김

성 바울로는 고린토의 개종자들에게 보낸 서한에서 서슴없이 "나는 … 약점도, 치욕도, 역경도, 박해도 그리고 곤경도 만족하렵니다"(2고린 12,10) 하고 말하고 있다. 그리스도 신자들은 결코 "인간적 고난의 존엄성"을 찬양하는 스토아주의자들이 아니고, "믿음의 창시자"로서 "눈앞의 기쁨 대신에 부끄러움도 아랑곳하지 않고 십자가를 참아 내신"(히브 12,2) 분의 제자들이다. 그리스도 신자는 예수 그리스도의 수난을 생각하며 모든 고난을 관조하고, "그리스도의 치욕을 이집트의 보물보다 더 큰 재산으로 여긴"(히브 11,26) 모세와 더불어 주님의 수난을 재인식한다.

그러나 그리스도 안에서의 수난이 어떤 의미가 있는가? 구약에서는 그렇게도 번번이 "저주"로 간주되었던 고난이 어떻게 신약에서는 "축복"으로 간주될 수 있는가? 성 바울로는 어떻게 "온갖 고난을 겪으면서도 기쁨에 넘칠" 수 있었는가? 그렇다면 신앙이란 무감각상태가 되거나 아니면 병적인 흥분상태가 되어야 한다는 말인가?

구약성서

고난의 중대성

성서는 고난을 중대하게 생각한다. 즉, 성서는 고난을 그저 단순하게만 생각하지 않고 깊은 동정을 표명하며, 있어서는 안되는 어떤 악을 고난 안에서 본다.

1. 고난중의 울부짖음

비애, 패배, 곤궁은 성서에서 절규와 비탄의 처절한 협주곡을 울리게 한다. 신음하며 울부짖는 소리가 성서에 너무 빈번히 나타나기 때문에 마침내 그것은 독특한 문학적 표현양식, 즉 애가哀歌의 형식을 이루게 되었다.

이 울부짖음은 대부분 하느님께로 향하고 있다. 성서에 보면, 이집트 백성은 확실히 파라오에게 빵을 달라고 부르짖었고(창세 41,55), 예언자들은 폭군을 탄핵하는 소리를 높이 외쳤다. 그러나 이집트에서

노예생활을 하던 이스라엘 후손들이 울부짖는 소리
는 하느님에게까지 상달되었고(출애 2,23-24), 판관 시대
에 이방인들의 압박을 받은 이스라엘 후손들도 야훼
께 부르짖었고(판관 3,9), 시편들은 불안에 떨며 부르
짖는 소리로 가득 차 있다. 고난에 관한 이같은 연
도連禱는 줄곧 계속되어, 그리스도께서 죽음에 직면
하여 "큰 소리로 부르짖으며 눈물로 기도하시는"(히브
5,7) 대목에까지 이어지는 것이다.

2. 고난에 대한 판단

고난에 대하여 내려지는 판단에는 실제로 고난을
겪고 느낀 감정상의 반발이 반영되어 있다. 즉, 고
난은 있어서는 안될 악이라는 것이다. 일반적으로
말해서 "사람이란 결국 여인에게서 태어나는 것, 그
의 수명은 하루살이와 같은데도 괴로움으로만 가득
차 있습니다"(욥기 14,1; 집회 40,1-9 참조)라고 이해하고 있
었음이 틀림없다. 그러나 이러한 통념으로 만족할
수는 없었다. 한편, 지혜와 건강은 똑같이 존중할
만하며(잠언 3,8; 4,22; 14,30), 건강은 하느님의 은혜라고
(집회 34,20) 생각하고, 건강을 찬미하며(집회 17,28), 또
건강을 하느님께 간구하기도 한다(욥기 5,8; 시편

106[107].19). 많은 시편들은 병의 치유를 탄원하는 병자들의 기도이다(시편 6: 38[39]: 40[41]: 87[88]).

성서는 고통을 찬미하지 않는다. 오히려 의사에게 송가頌歌를 부르고(집회 38), 치유와(이사 33.24) 재생의 시대인(이사 26.19: 29.18: 61.2) 메시아 시대를 기대하고 있다. 치유는 야훼와 메시아의 업적 중 하나이다(이사 19.22: 53.4-5: 57.18). 그렇다면 구리뱀은(민수 21.6-9) 메시아의 한 가지 예표가(요한 3.14) 아니란 말인가?

고난에 대한 반신앙적 울분

성서는 고난의 뜻을 깊이 추구함에 있어서 그 해명을 위해 주변의 이교 종교들과 같이 갖가지 잡신들 간의 암투나 혹은 이원론적인 해결 방도를 끌어댈 수는 없었다. 그 간난신고가 "바다처럼 벌어졌던"(애가 2.13) 바빌론 유배자들은, 야훼가 어떤 더 강력한 자에게 패배하였다고 생각하고 싶은 유혹을 크게 느꼈음에 틀림없다.

그러나 예언자들이 참된 하느님을 옹호하였을 때, 그들은 하느님이 정당함을 변명하는 일에 생각이 미친 것이 아니라, 고난도 하느님의 손에서 벗어난 것이 아니라는 점을 생각하였다. "빛을 만든 것도 나요, 어둠을 지은 것도 나다. 행복을 주는 것도 나요, 불행을 조장하는 것도 나다"(이사 45,7; 참조: 63,3-6).

이스라엘의 전통(전승)은 아모스에 의해 정식화된 대담한 원칙을 결코 잊지 않고 있다: "성 안을 휩쓰는 재앙, 야훼께서 내리시는 것이 아니겠느냐?"(아모 3,6; 참조: 출애 8,12-28; 이사 7,18). 그러나 이러한 근본적인 표명을 해체시키는 가장 위험한 반동적 사상이 대두하였다. 즉, 불신자들은 세상의 악에서 미루어, "하느님은 없다"(시편 10,4; 13[14],1)고 추론하거나 혹은 "하느님은 아는 것이 없다"(시편 72[73],11)고 생각하며, 심지어 욥의 아내는 "하느님을 욕하고 죽으시오"(욥기 2,9)라는 결론까지 내린다.

확실히 고대인들은 고난에 관해 설명 가능한 것을 고려할 줄은 알고 있었다. 부상은 자연스럽게 생길 수 있고(창세 34,25; 여호 5,8; 2사무 4,4), 늙은이의 노쇠는 정상적인 현상이다(창세 27,1; 48,10). 피조계 안에 인간에게 적대하는 악의 세력, 저주의 세력, 사탄의 권세가 있다. 죄는 불행을 자초하고(잠언 13,6; 이사 3,11; 집회 7,1), 세상 사람들은 모든 불행의 배후에 그 원인이 될 만한 과오를 찾아보려는 성향을 보인다(창세 12,17-18; 42,21; 여호 7,6-13). 욥 친구들의 증언이 바로 그렇다. 이 세상을 짓누르고 있는 앙화의 근원은 첫 사람들의 원죄에 있다고 생각해 왔다(창세 3,14-19).

그러나 이러한 원인들이 자연이건 우연(출애 21,13)이건, 또는 죄의 화로 가득 찬 결과이건 저주(창세 3,14; 2 사무 16,5) 또는 사탄 자체이건, 하느님의 권능을 피할 수 없고, 따라서 고난의 인과율을 궁극적으로 하느님 자신에게로 소급시키는 통념이 지속되었다. 예언자들은 악인들의 행복과 의인들의 불행을 이해할 수 없었고(예레 12,1-6; 하바 1,13; 3,14-18), 박해받은 의인들은 필연적으로 자신들이 잊혀진 존재라고 생각할 수밖에 없었다(시편 12[13],2; 30[31],13; 43[44],10-18). 그래서 욥은 하느님을 상대로 소송을 일으키고 이러한 부조리에 대한 해명을 요구하고 있는 것이다(욥기 13,22; 23,7).

고난의 신비

고난에 시달리지만 신앙으로 견디어내는 예언자나 현자들은 한걸음 한걸음 "신비 속으로" 파고들어간다(시편 72[73],17). 그들은 금속을 정련하는 불과도 같은 고난의 정화적 가치(예레 9,6; 시편 65[66],10)와 교육적 가치, 즉 일종의 자부적慈父的 징계(신명 8,5; 잠언 3,11-12; 2역대 32,26.31)를 발견하고, 마침내 급속히 닥치는 징벌 속에 바로 하느님의 호의가 깃들여 있음을 알게 된다(2마카 6,12-17; 7,31-38).

그들은, 고난이 인간은 이해할 수 없는 하느님의 뜻(神意)을 드러내는 것으로 여기고 달게 참아받을 줄 알고 있었다(욥기 42,1-6; 참조: 38,2). 이미 욥 이전에 요셉이 그의 형제들 앞에서 이 점에 대해 증언한 바 있다(창세 50,20). 현자들의 요절도 비슷한 신의神意로 해명될 수 있다. 그들은 일찍이 죽음으로써 범죄를 피할 수 있었던 것이다(지혜 4,17-20). 이런 의미에서 구약성서는 아이 못 낳는 여인과 또 고자된 자를 복되다고 찬양하기도 한다(지혜 3,13-14).

신앙에 의해 고난을 하느님의 뜻과 연관시켜 생각한다면, 그것은 하느님이 아브라함이나(창세 22장), 욥(욥기 1,11; 2,5) 또는 토비아처럼(토비 12,13) 가상히 여기시는 저 종들을 위해 미리 마련하신, 특별히 중대한 의미를 가진 하나의 시련이 된다. 하느님이 이러한 시련을 마련하시는 목적은 그들에게 당신이 참으로 소중한 분이라는 것 그리고 당신을 위해서는 어떤 고난도 참아받을 수 있다는 것을 가르치는 데 있다. 이렇게 하여 예레미야는 내적 반항에서 벗어나 새로운 회심에 도달하였던 것이다(예레 15,10-19).

마침내 고난은 전구(傳求)와 구속(속량)을 위해 소중한 가치를 가지고 있다. 이 가치는 모세의 모습에서, 예컨대 그의 고통에 찬 기도(출애 17,11 이하; 민수 11,1 이하), 또는 죄를 범한 백성들을 구하기 위해 자기 생명까지도 희생하려는 헌신적 태도에서 역력히 알아볼 수 있다(출애 32,20-33). 그러나 이 모세나 예레미야처럼(예레 8,18.21; 11,19; 15,18) 고통의 시련을 겪은 예언자들은 저 야훼의 종의 예표에 지나지 않는다.

야훼의 종은 이른바 "걸려넘어짐", 즉 반신앙적 울분을 품게 하는 가장 무서운 양상의 고난을 체험해야 했다. 그 참혹한 고난은 그를 완전히 유린해 버리고, 사람들의 동정을 끌기는커녕 오히려 혐오와 멸시를 받을 만큼 그를 보기 흉하게 이지러뜨렸다(이사 52,14-15; 53,3). 그것은 결코 어떤 예외적인 일, 또는 비극적인 순간에만 겪는 일이 아니라, 매일 겪어야 하는 일이고 바로 그 자신의 독특한 징표이다. 그는 "고통의 사나이"(이사 53,3)이다. 여느 사람이 보기에, 그는 어떤 엄청난 죄를 저지르고 거룩한 하느님으로부터 본보기로서의 처벌을 받는 것같이 여겨졌다(53,4).

사실 그러한 죄는 있고 또 엄청나게 큰 것이지만, 그것은 그의 죄가 아니라 바로 우리 모두의 죄이다(이사 53,6). 그는 아무런 죄도 없이 깨끗하며, 이것이 바로 "걸려넘어짐"(반신앙적 울분)의 정점인 것이다.

그러나 바로 여기에, "야훼의 의향을 성취한다"는 신비가 깃들여 있다(이사 53,10). 무죄한 자인 그는 진심으로 하느님께 간청할 뿐 아니라 "자기 목숨을 속죄제물로 내놓음으로써"(이사 53,12), 또 악행하는 자들의 잘못을 스스로 맡아 지기 위하여 "그들 중의 하나로 세워짐으로써"(이사 53,12), 죄인들을 위해 중개 역할을 하는 것이다. 이렇게 하여 극단적인 신앙 장애가 오히려 "야훼께서 팔을 휘둘러 이루신"(이사 53,1) 신비로 변한다. 세상의 모든 고난과 죄가 그의 한몸에 집약되고 있다. 그러나 그는 하느님께 대한 순종으로 그 모든 것을 스스로 맡아 졌기 때문에, 모든 이들을 위해 우리들의 고난의 종식인 평화와 구원을 (이사 53,5) 얻어주는 것이다.

신약성서

예수와 인간의 고난

예수는 어떤 신적 자비심에 깊이 사로잡혀 있지 않았더라면 고난의 증인이 될 수 없었을 것이다(마태 9,36; 14,14; 15,32; 루가 7,13; 15,20). "주님이 여기 계셨더라면 오라비가 죽지 않았을 것입니다"(요한 11,21.32). 마르타와 마리아는 이런 말씀을 되풀이하여 예수께 드렸고, 또한 예수도 열두 제자에게 그럴 수 있었다는 것을 이해시키고 있다(11,14). 그러나 그분이 명백히 라자로를 아낀 — "얼마나 그를 사랑했는가!" — 감동적인 사실을 고려할 때, "맹인의 눈을 뜨게 한 이가 이 사람을 죽지 않게 할 수는 없더란 말인가?" 하는 반신앙적 울분을 어떻게 설명할 것인가?(11,36-37).

1. 고난을 눌러 이긴 승리자 예수 그리스도

예수가 병자들을 고쳐주고 죽은 자를 살아나게 한 일은 그분의 메시아로서의 사명을 드러내보이는 표징들이다(마태 11,4: 참조: 루가 4,18-19). 그것은 그분의 결정적 승리의 전주곡이다. 예수는 열두 제자들이 성공적으로 행한 기적에서 사탄의 굴복을 본다(루가 10,19). 그분은, 우리의 병고를 맡아 지고(이사 53,4) 그것을 모두 낫게 한다는(마태 8,17) 저 야훼의 종에 관한 예언을 실현한다. 그분은 당신의 이름으로 병자들을 고쳐줄 권능을 제자들에게 주었고(마르 15,17), 성전의 이른바 아름다운 문(美門)에서 베드로와 요한이 앉은뱅이를 고쳐주었다는 이야기는 그러한 권능을 받은 데 관한 원시교회의 확신을 증명하는 것이다.

2. 예수 그리스도는 고난을 찬양하다

그렇지만 예수는 — 아무리 죽음의 힘을 꺾기 위해 이 세상에 오셨다고는 하지만 — 죽음도 고난도 이 세상에서 없애지는 않았다. 비록 그분은 질병이나 불행과 죄 사이에 어떤 체계적 연관을 짓기를 거부하기는 했지만(루가 13,2 이하: 요한 9,3), 에덴의 저주(벌)에서 비롯한 결과가 드러나게 한다. 그러나 그분은 그것을 기쁨으로 변하게 할 수 있는 권능을 지녔음을 보여준다. 그분은 고난을 치워 없애지는 않았지만, 고난 속에 위로를 준다(마태 5,4). 또 그분은 눈물을 없애지 않고 자기가 만난 오직 한 사람 — 아들의 죽음을 슬퍼하며 우는 과부 — 만 위로하여 눈물을 거두게 하였을 뿐이지만(루가 7,13), 그 눈물을 "야훼, 나의 주께서 모든 사람의 얼굴에서 눈물을 닦아주실"(이사 25,8; 묵시 7,17; 21,4) 그날 하느님과 당신의 자녀들을 결합시킬 기쁨의 표징으로 삼는다. 마침내 고난은 일종의 축복이 될 수 있다. 왜냐하면 그것은 하느님의 나라를 받아들일 준비를 시키고, 또 "하느님의 일"(요한 9,3)과 "하느님의 영광" 및 성자의 영광을 "드러나게" 하는 데 도움이 되기 때문이다(요한 11,4).

사람의 아들(人子)의 고난

베드로와 그밖의 제자들이 "걸려넘어짐"의 반신앙적 울분을 나타냈는데도, 예수는 "인자는 마땅히 많은 고난을 겪어야 한다"(마르 8,31; 9,31; 10,33 병행)는 것을 그들에게 되풀이하여 알려주었다. 예수는 수난하기 오래 전부터 이미 "고통을 겪었다"(이사 53,3). 즉, 그 자신이 "독사 족속!"(마태 12,34; 23,33)이라고 부른 바 있는

"믿음이 없고 비뚤어진"(마태 17,17) 무리들 가운데서 고생하였고, 그의 가까운 사람들 — 고향 사람들 — 이 그를 받아들이지 않았기 때문에 또한 고생하였다(요한 1,11).

그는 예루살렘을 보고 울었고(루가 19,41; 참조: 마태 23,37), 자기 수난을 생각하면서 "떨었다"(요한 12,27). 여기서 그의 고난은 죽음의 슬픔, "죽음의 고통", 근심과 불안 속에서의 죽음의 싸움으로 고조된다(마르 14,33-34; 루가 22,44). 예수의 수난에는, 사람들에게 배신당하는 괴로움부터 시작해서 마침내 하느님께마저 버림받는 괴로움에 이르기까지 있을 수 있는 모든 인간적 고뇌가 집약되어 있다(마태 27,46). 그러나 그 수난은 성부께 대한 그리스도의 사랑(요한 14,31), 자기 벗들에 대한 그리스도의 사랑(요한 15,13)을 드러내는 결정적인 증명이며, 성자의 영광을 드러내는 계시이다(요한 17,1; 12,31-32). 그 수난은 "흩어져 있는 하느님의 자녀들"(요한 11,52)을 모아 그리스도 주위에 무리를 이루게 한다. 그리스도는 당신 수난으로 말미암아 "시험받는"(히브 2,18) 사람들을 도와줄 수 있고 또한 괴로움을 겪는 모든 사람과 일치할 수 있는 것이다(마태 25,35.40).

제자들의 고난

부활 날의 승리 후, 그리스도 신자들은 이제는 죽음도 고난도 없으리라는 환상에 사로잡힐 우려가 있었고, 그만큼 (이러한 환상과 거리가 먼) 실제 생활의 비극적인 현실이 그들의 신앙을 동요시킬 위험에 처해 있었다(1데살 4,13 참조). 부활은 복음의 가르침을 폐기한 것이 아니라 오히려 그것을 굳게 확증하였다.

참된 행복에 관한 기쁜 소식, 매일 자기 십자가를 져야 한다는 요구는(루가 9,23), 주님의 운명에 비추어 볼 때 비로소 중요한 의미를 갖게 된다. 주님의 어머니도 고난을 면할 수 없었다면(루가 2,35), 또 스승이 "영광 속으로 들어가기 위하여" — 영광을 차지하기 위하여 — 불운과 박해를 감수하였다면(루가 24,26), 제자들도 마땅히 그 스승(주님)의 길을 따라야 하며(요한 15,20: 마태 10,24), 정녕 메시아 시대는 재앙의 시대이다(마태 24,8: 사도 14,22: 1디모 4,1).

1. 그리스도와 함께 수난하다

그리스도 신자의 삶이란 "살아 있지만 내가 아니라 그리스도께서 내 안에 살고 계십니다"(갈라 2,20)라는 그런 삶이다. 마찬가지로 그리스도 신자의 고난도 "그리스도의 고난이 우리 안에 넘칠수록 그리스도로 말미암는 우리의 위로도 그만큼 더 넘칩니다"(2코린 1,5)라는 그런 고난이다. 그리스도 신자는 온전히 그리스도의 몸에 딸린 지체이며, 고난은 그를 그리스도와 같은 모습으로 만든다(필립 3,10).

"아드님이지만 고난을 겪음으로써 복종을 배우신"(히브 5,8) 그리스도와 같이, 우리도 우리에게 닥치는 시련을 참을성있게 견디어내며, 우리 신앙의 창시자이시며 … 십자가의 고통을 견디어내신 그분에게로 우리의 눈을 돌려야 한다(히브 12,1-2). 그리스도는 연대적連帶的으로 고난을 함께 당하는 사람들과 같이 계시며, 그분은 자기를 따르는 사람들에게 같은 계명을 남겨주었다(1코린 12,26; 로마 12,15; 2코린 1,7).

2. 그리스도와 함께 영광을 누리기 위하여

우리는 "그분과 함께 고난을 받으면" 또한 "그분과 함께 영광을 누리게 될 것이고"(로마 8,17), 우리가 언제 어디서나 예수의 죽음의 고난을 우리 몸으로 직접 체험하면 "예수의 생명 또한 우리 몸에 드러나게 될 것"(2코린 4,10)이다. "그분을 믿을 뿐 아니라 그분을 위해서 고난을 당하는 은혜도 받았기"(필립 1,29) 때문이다.

그리스도와 함께 당하는 고난은 우리가 죽은 후에 "영원하고 무게있는 영광을 비할 데 없이 넘치도록 우리에게 마련해 줄 뿐 아니라"(2고린 4,17). 현재에도 기쁨을 준다. 그것은 사도들이 "그 이름을 위해 모욕을 당할 만한 자격이 있게 된 것을"(사도 5,41) 기뻐한, 저 예루살렘에서 처음으로 체험할 수 있었던 그 기쁨이다. 그래서 베드로는 "그리스도의 고난에 참여하는 것을" 기뻐하라고 외친다. 왜냐하면 우리는 그리스도의 고난에 참여할 때 바로 거기에 "영광의 영인 하느님의 영"이 머물러 계심을 알 수 있기 때문이다(1베드 4,13-14). 또한 성 바울로도 "그가 겪는 고난을" 기뻐한다. 그는 고난을 겪음으로써 그리스도의 몸인 교회를 위하여 그리스도의 남은 고난을 그의 몸으로 채울 수 있었기 때문이다(골로 1,24).